하루
24시간
어떻게
살 것인가

아놀드 베넷 Arnold Bennett. 1867~1931

잉글랜드 스태퍼드셔 주의 가난한 시골집에서 9형제의 장남으로 태어나, 성실함으로 유럽 최고 문호의 자리까지 오른 입지전적 인물. 제1차 세계대전 전후의 당대 영국 문학을 대표하는 작가로, 특히 물질적인 부분을 세밀히 묘사하는 사실주의적 문체가 특징이다. 소설《Clayhanger》3부작과《The Old Wives' Tale》이 대표작이다.

21세에 런던 법률사무소 말단 직원(속기사)으로 취직해서 대도시 직장인의 고단한 삶을 시작했고, 이후 10년간 꾸준히 독서하고 글을 쓰며 투고해서 작가가 되었다.《하루 24시간 어떻게 살 것인가》는 이때의 경험을 토대로 쓴 것으로, 자신처럼 더 나은 내일을 향해 노력하는 사람들에게 귀중한 조언이 되었고, 작가 자신도 평생 곁에 두고 펼쳐보며 용기와 자극을 받았다고 한다. 그 결과 대부호로 성공한 후에도 나태해지지 않고 죽을 때까지 왕성한 창작 활동을 펼쳤다. 미국의 성공학 대가 데일 카네기가 이 책에 특별한 감명을 받아서 적극적으로 소개하며 세계적인 베스트셀러가 되었다.

하루 24시간

How to Live on 24 Hours a Day

어떻게*
살 것인가

| 아놀드 베넷 지음 | 이미숙 옮김 |

더모던
Themodern

일과 삶, 모두 의미 있게 만들고픈 당신에게

——— 이 서문은, 여느 글처럼 서두에 두긴 했지만, 책을 다 읽고 나서
읽기를 권한다.

이 소박한 작품을 읽은 독자들이 내게 상당히 많은 편
지와 리뷰를 보내 주었다. 신문과 잡지도 꽤 많은 리뷰를
실었는데, 거의 이 책만큼이나 긴 글들도 있었다. 다행히
악의적인 비난은 별로 없었다. '어조가 가볍다'고 불만을
표현한 독자들이 좀 있었는데, 내 생각은 달랐기 때문에
크게 개의치 않았다. 그래서 만약 더 묵직한 비난을 접하
지 않았더라면, 하마터면 나는 '이 책은 결점이 없구나'
하고 착각할 뻔했다.

그러나 언론이 아니라, 진심을 담은 몇몇 독자들이 보

낸 심각한 혹평에는 도저히 눈을 감을 수가 없었다. 혹평이 가해진 대목은 바로 여기인데, 참조에 썼듯 나도 이미 이런 혹평을 예상하고 두려워했다.

"그러니까 그(내가 평균적인 인물로 제시한 사람)는, 자기 일에 대단한 열정이 있지는 않다. 기껏해야 싫어하지 않을 뿐이다. 맡은 일을 최대한 늦게 마지못해 시작하고 최대한 일찍 쾌재를 부르며 끝낸다. 자신의 엔진을 최대 출력 상태로 맞춰 일하는 법이 거의 없다. (성난 독자들이 도시 직장인들을 폄하한다고 나를 비난할 것임을 알고 있다. 하지만 나는 런던이라는 도시를 매우 철저하게 파악하고 있으니 이 설명을 밀고 나가겠다.)(51~52쪽)"

업무에 온 힘을 쏟아붓는 게 좋은 건가

단언하건대 물론 그렇지 않은 직장인도 많다. 맡은 일을 회피하지 않고 즐기는 사람이, 어떻게든 늦게 출근했다가 최대한 일찍 퇴근하려고만 하지 않는 사람이, 고위직이나 전도가 유망한 직원에만 있는 것도 아니고 별로 전망이 밝지 않은 말단 직원 중에도 적지 않을 것이다. 한마디로, 그날의 업무에 온 힘을 쏟아부어서 완전히 녹초가 되어 퇴근하는 사람들 말이다.

나는 기꺼이 그 의견에 동의한다. 아니, 실제로 그렇고, 그런 줄 진즉부터 알고 있었다. 왜냐하면 나 역시 런던과 지방에서 상관의 명령을 받는 말단 직원으로 오랫동안 근무해 봤기 때문이다. 그때마다 순수하게 열정을 다해 맡은 임무를 수행하고 본인의 역량을 최대한 발휘하려고 애쓰는 동료들이 꼭 얼마간 있었다.

하지만 이런 행운아들(본인 생각보다 훨씬 더 행복한 이들!)은 과거에도 현재에도 절대로 다수가 아니다. 꽤 성실한 보통 직장인이라도 (이상과 아이디어로 가득 차 있더라도) 완전히 녹초가 되어서 퇴근하는 일은 드물다. 대개는 돈벌이에 온몸을 내던지기보다는 양심에 거리끼지 않을 정도로만 몸을 사리며 일하고, 직업을 즐기기보다는 지겨워 한다.

번아웃 되는 소수, 무기력한 다수

그렇더라도, 내가 소수 집단이 마땅히 받았어야 할 관심을 경시하고 그들의 중요성을 완전히 무시해 버렸던 것은 확실히 큰 실수였다. 한 독자는 근면한 소수 집단의 고충을 다음의 한 문장으로 토로했다.

"저도 누구보다도 열심히 '정해진 일과를 뛰어넘기' 위해 노력합니다. 하지만 당신에게 이렇게 말할 수밖에 없어요. 저녁 6시 반에 집에 돌아왔을 때, 내게 생기라고는 남아 있지 않아요. 당신이 생각하는 것과는 다르다고요."

나는 여기서 이 점을 지적해야겠다. 그래도 열정적으로 활기차게 업무를 수행하는 소수들보다, 직장에서 열정이라고는 없이 무기력하게 일하는 다수들이 훨씬 더 애처롭다고 말이다.

열정적인 소수들에게는 '사는 법'에 대한 조언이 그리 필요하지 않다. 어쨌든 그들은 공식적인 업무 시간(이를테면 8시간) 동안은 진정으로 살아 있다. 그들의 엔진은 최대 출력 상태로 돌아간다. 일과의 나머지 8시간을 체계 없이, 손가락 사이로 모래가 새나가듯 허비한다고 해도, 하루에 16시간을 낭비하기보다 8시간을 낭비하는 편이 손해가 작다. '살아 있는' 시간이 약간이라도 있는 편이, 전혀 없는 것보다는 낫지 않은가.

진짜 비극은 직장에서도 밖에서도 노력하며 살 생각이 전혀 없는 사람들이다. 이 책은 애초에 그들을 위한 것이었다.

일에 지쳐도, 삶의 열정을 잃고 싶지 않다

그런데 비극의 주인공보다는 운 좋은 사람들도 이렇게

말하곤 한다.

"내 일과가 그들보다 낫기는 해요. 하지만 나 역시 현재의 내 일과를 뛰어넘고 싶습니다! 지금도 조금은 열의를 가지고 살고 있지만, 더 열정적으로 살고 싶어요. 그러나 정말이지 공식적인 일과를 마치고 다른 일을 더 하는건 벅차요."

작가로서 나는 이들을 주목했어야 했다! 그들의 관심사에 미리 더 강력한 답을 제시해 주었어야 했다. 언제나, 반드시, 삶을 이미 맛본 사람이 더 많은 것을 소망하는 법이니까! 침대 밖으로 나오지 않는 사람은 가장 끌어내기가 어렵고.

(운 좋은) 소수인 당신, 매일 생계에 매우 치열하게 매달리기 때문에 나의 제안들을 모두 실천하기는 사실상불가능할 것이다. 하지만 그래도 몇 가지는 가능할 것이다. 이를테면 당신이 퇴근길 제안은 활용하기 어렵더라도, 출근길 제안은 누구에게나 유용하리라. 또 주말(토요

일부터 월요일까지)의 44시간을 온전히 자신의 것으로 가지는 것도 누구에게나 가능하다. 비록 피로가 좀 쌓여서 최대 출력을 가동하지는 못하겠지만 말이다. 그러니까, 매주 최소한 사흘은 의미 있는 시간이 확보되는 셈이다.

"밤에는 너무 피곤해요. 업무 시간 외에는 아무것도 할 수 없습니다."

당신이 이렇게 단호하게 선언한다면, 나 역시 단호하게 대답하겠다.

"업무로 그렇게 진이 빠진다면 당신 삶의 균형이 어긋난 것입니다. 조정하십시오!"

업무에 온 힘(능력)을 다 뺏겨서는 안 된다. 그렇다면, 어떻게 해야 할까?

업무 시작 '전'에 한눈을 팔아라

당신이 일에 쏟는 열정을 다른 곳으로 슬쩍 돌려야 한

다! 업무 시작 전에(반드시 '전'이어야 한다. '후'가 아니라) 업무가 아닌 일에 에너지를 먼저 쏟은 후에 업무를 시작하라. 한마디로, 아침에 더 일찍 일어나라.

"못 합니다. 불가능해요. 밤에 더 일찍 잠자리에 들 수가 없어요. 그렇게 했다가는 가정생활이 모조리 엉망진창이 되어 버릴 거예요."

아, 이번에도 당신은 이렇게 말할 것이다.

하지만 나는 취침 시간을 당기는 게 그렇게 불가능하다고 보지 않는다. 일단 아침에 계속 일찍 일어나서 수면 부족 상태가 되면, 당신은 더 일찍 잠자리에 들 방법을 찾아내고야 말 테니까.

게다가 수면부족은 일찍 일어나서 오는 게 아니다. 해가 갈수록 내가 더 확신하는 건, 잠은 어느 정도 습관과 게으름의 문제라는 것이다. 대부분의 사람들은 별다른 소일거리가 없어서 잠을 많이 잔다. 매일 화물차를 몰고 당신 집 앞을 질주하는 저 건장한 사내는 하루에 몇 시간을 잘 것 같은가? 한번은 내가 의사에게 수면 문제를 상담한 적이 있었다. 정확히 당신이나 나 같은 부류의 사람들이 거주하는 런던 근교의 한 신흥지구에서 24년 동안 큰 병원을 운영한 의사였다. 퉁명스러운 사람이어서, 답변도 퉁명스러웠다.

"사람들은 대부분 너무 많이 자서 멍청해지고 있습니다."

그는 수면 시간을 줄이면 열에 아홉 명은 더 건강해지고 생활이 더 즐거워질 것이라는 의견을 덧붙였다.

다른 의사들도 이 의견에 동의했다. 물론 성장기 아동은 예외다.

새벽에 차 한 잔 마시는 삶

1시간이나 1시간 반, 가능하다면 2시간을 더 일찍 일어나라. 꼭 그래야겠다면, 가능한 만큼 더 일찍 잠자리에 들어서라도. 아침의 1시간은 저녁의 2시간보다 더 효과가 있기 때문이다.

"아침에 뭘 좀 먹어야 하루를 시작할 수 있는데, 그 시간에 차려 줄 사람이 없습니다."

그게, 친애하는 선생님, 티 포트와 찻잔을 얼마든지 손쉽게 구입할 수 있는 시대에, 당신 삶의 가장 고귀한 행복을 불확실한 타인의 즉흥적인 협조에 내맡기겠다는 건 설마 아니시겠죠?

혹시 누구든 도와줄 수 있는 사람이 있다면 전날 밤에 이렇게만 부탁하라. 쟁반에 차 세트만 준비해 달라고. 비스킷 2개, 받침잔, 찻잎, 그리고 물을 끓일 포트만 있으면 된다. 간단하다.* 3분 후에 물이 끓으면 (이미 따뜻하게 데

---

* 차를 끓일 수 있는 도구들과 차 끓이는 방법을 언급한 부분이다. 이 책에서는 현대적으로 바꿔서 표기했는데, 원문은 다음과 같다. "알코올 램프 위에 스튜 냄비를 놓고, 스튜 냄비 위에 뚜껑을 뒤집어서 덮고, 뒤집힌 뚜껑 위에 소량의 찻잎이 담긴 작은 찻주전자를 놓는다. 그런 다음 성냥을 그어라. 간단하다."

워진) 찻주전자에 붓는다. 다시 3분이 지나면 차가 우러 난다. 그 차를 마시며 아침을 시작하자.

어리석은 사람이나 이 자세한 설명을 사소하게 넘기 지, 사려 깊은 사람은 새겨들으리라. 삶 전체의 균형을 적 절하고 현명하게 맞추는 일이 오롯이 평소와 다른 시간 에 차 한 잔을 마실 수 있는지 여부에 달려 있을지도 모 르기 때문이다.

A.B

차례

1장

매일 새로 24시간씩
주어지는 기적

"맞아요. 그 사람은 돈 관리법을 몰라요. 원래 형편이 괜찮은 편인데 고정 수입도 있어서, 생활비를 걱정하는 게 아니라 사치품도 얼마든지 살 수 있을 만큼 여유가 있어요. 그렇다고 딱히 사치를 부리지는 않는데, 그런데도 이상하게 항상 쪼들린답니다. 돈이 있으면 뭐하나 싶다니까요. 근사한 아파트에 살지만 공간이 절반은 휑해요. 곧 이사 나갈 집처럼 보일 수밖에요. 새 정장을 빼입고는 더러운 모자를 쓰질 않나, 고상한 넥타이에 펑퍼짐한 바지를 입지를 않나…… 저녁 식사에 초대받아 가 보면, 고급 유리접시에다 형편없는 양고기요리를 내놓고 고급 커피를 이 빠진 컵에다 담아 마시죠! 왜 그런지 본인도 도무지 모르겠대요. 한마디로 말해서 돈을 벌어 놓고 그냥 낭비하고 있는 겁니다. 내가 그 사람이 버는 돈의 반만 벌 수 있다면 얼마나 좋을까요? 그에게 충고하고 싶네요……."

지금껏 우리는 이렇게 남을 비판해 왔다. 내가 굉장히 우월하다는 듯이.

들다 보면 모두들 거의 재무장관급이다. 자신만만하다. 매체에 고만고만한 수입으로 살아가는 법에 대한 기사가 넘쳐나는데, 이 기사들에 쏟아지는 독자 투고도 엄청나다. 투고 내용이 과격한 걸 보면 확실히 이런 기사들에 관심이 많다. 최근 한 일간지에서 '1년에 300만 원*으로 여

---

* 원문은 86파운드. 물가상승률을 약 20배 정도로 보고 수정하였다.

성 한 명이 지방 도시에서 불편 없이 생활할 수 있는가'
를 놓고 논쟁이 벌어졌다.

아침마다 당신의 지갑에 꽂히는 '24시간'

나는 「하루 1만원*으로 사는 법」이라는 글을 읽은 적
이 있다. 하지만 「하루 24시간으로 사는 법」에 관한 글은
한 번도 본 적이 없다. "시간이 돈"이라고들 말하면서 말
이다. 하지만 사실 이 속담은 정확하지 않다. 시간은 돈보
다 훨씬 더 소중하다! 대개 시간만 있으면 돈을 벌 수 있
다. 하지만 최고급 호텔 펜트하우스에 거주할 정도로 돈
이 많아도, 나나 난롯가에서 졸고 있는 저 고양이보다 단
1분도 더 많은 시간을 살 수는 없다.

많은 철학자들이 공간에 대해 설명해 왔다. 하지만 시

---

* 원문은 8실링

간에 대해서 설명한 이는 많지 않다. 시간은 모든 것의 원료이지만 명확하게 설명하기 어렵기 때문이다. 그러니까, 무엇이든 시간이 있어야 비로소 가능하고 시간이 없으면 불가능한데, 그토록 '귀중한' 시간이 매일 새로 주어지는 것이야말로 기적이다.

곱씹어 볼수록 참으로 경이롭다. 아침에 잠에서 깰 때마다 '짠!' 하고 마법처럼 당신의 지갑이 24시간으로 두둑해져 있다니! 그것은 당신의 삶이 선사한 비매품이다. 오롯이 당신 것이다. 당신이 소유한 최고 귀중품이다. 이 지극히 개인적인 일용품은, 지극히 개인적인 방식으로 당신에게만 주어진다!

주목하라! '시간'이란, 아무도 당신에게서 빼앗을 수 없다. 훔쳐갈 수 없다. 그리고 무엇보다도, 아무도 당신보다 더 많거나 적지 않다.

이 얼마나 이상적인 민주주의인가! 시간의 왕국에는 부유한 귀족층도 지식인 특권층도 존재하지 않는다. 천

25

재라고 해서 1시간 더 주지 않는다. 처벌도 없다. 이 무한히 소중한 일용품을 당신이 내키는 대로 마구 써 버렸다고 해서, 공급을 줄이지 않는다. "이자는 악당은 아니지만 멍청이다. 시간을 줄 가치가 없는 사람이니 공급을 중단하겠다." 어떤 독재자도 이렇게 말하지 않는다. 연금*보다 더 확실하고, 휴일수당처럼 빼지도 않는다. 물론 가불도 안 된다. 대출이 불가능한 것이다!

오직 지금 흘러가는 순간순간만 쓸 수 있다. 내일을 미리 쓸 수 없다. 내일도 당신 것이긴 하지만 보관 중이다. 그럼 1시간은 미리 쓸 수 있냐고? 그것도 안 된다. 1시간도 역시나 당신을 위해 보관 중이다.

내가 말했지 않은가, '기적'이라고!

---

* 원문은 consol. 영국 정부가 1752년에 발행했던 공채인데, 나중에 상환도 안 되어서 영구 공채가 되어 버렸다.

하루 24시간 어떻게 살 것인가

돈 관리법보다 시간 관리법이 시급하다

당신은 매일 이 '24시간'으로 생활해야 한다. 그걸로 건강도 챙기고, 즐거움도 찾고, 돈도 벌고, 만족과 존중도 얻고, 불멸의 영혼도 진화시켜 나간다. 그러니 24시간의 올바른 사용법, 가장 효과적인 사용법을 찾아내는 것이 가장 시급하고도 짜릿한 당면 과제다. 전부 거기에 달렸다. 친구여, 당신의 행복(간절히 움켜잡으려 하는데 요리조리 빠져나가는 행복!)이 거기에 달렸다.

그런데도 그토록 진취적이고 앞서간다는 매체의 기사들이 '주어진 시간으로 사는 법'이 아니라 '주어진 돈으로 사는 법'으로 꽉 찼다니! 시간에 비하면 돈이야 훨씬 더 흔한데 말이다. 조금만 생각해 보면 돈이 가장 흔하다는 걸 깨달을 것이다. 온 지구에 무더기로 발에 거치적거리는 것이 돈이다.

특정한 액수의 수입으로 생활비가 충당되지 않을 때, 사람들은 돈을 좀 더 벌거나 훔치거나 구직광고를 낸다.

연봉이 낮다고 즉각 삶이 엉망진창이 되는 것은 아니라는 말이다. 힘을 길러 돈을 벌고 예산의 균형을 맞추면 그만이다.

하지만 '하루 24시간'이라는 수입으로 모든 적절한 지출 항목을 정확히 충당하지 못하면, 삶은 확실히 엉망진창이 될 것이다. 시간이라는 수입은, 공급이 대단히 규칙적이기는 하지만 잔인할 정도로 철저하게 제한한다.

살고 있는가, 그냥 있는가

당신은 하루 24시간을 살고 있는가? 그냥 '있'거나 그럭저럭 '지내'는 의미가 아니다. 일상생활의 '큰 지출 항목'이 제대로 관리되지 않고 있다는 불편한 느낌에서 자유로우냐는 말이다. 정장을 멋있게 빼입어 놓고 어울리지 않는 모자를 쓰고 있지는 않은가? 그릇에 신경 쓰다가 정작 음식의 질을 잊지는 않았는가? '시간이 조금 더

생기면 저걸 바꿀 거야' 하고 혼잣말을 하고 있지는 않은
가? (그런 혼잣말만 평생 하는 건 아닌가?)

시간은 단 1초도 더 생기지 않는다. 우리는 모든 시간
을 가지고 있고, 지금껏 그랬다. 그동안 무시했던(최근에
야 알게 된) 이 심오한 진리를 깨닫자, 나는 매일의 시간
지출 내역을 면밀하고 실질적으로 검토하게 되었다.

2장

업무적 성취 이상을
해내고픈 열망

다른 요소는 다 무시하고 요점으로 돌진하는 영국인이
라면 이렇게 말할지 모른다.

　"대체 하루 24시간으로 뭘 해야 한다는 겁니까? 나는
하루 24시간으로 생활하는 게 전혀 어렵지 않습니다. 하
고 싶은 일 다 하고도 신문에 나오는 퀴즈를 풀 시간까지
낼 수 있어요. 자신에게 주어진 시간이 하루 24시간뿐인
걸 알면, 하루 24시간에 만족하는 건 확실히 간단한 문제
죠!"

아, 친애하는 선생님, 당신께 제 변명과 사죄를 전합니다. 당신은 내가 지난 40여 년 동안 찾아 헤맨 바로 그분이십니다. 부디 이름과 주소, 그리고 당신의 비법을 내게 알려주는 대가의 청구서를 보내 주시기를. 내가 당신께 말할 게 아니라, 당신이 내게 알려줘야 합니다. 제발 앞으로 나서 주세요. 당신 같은 분이 틀림없이 존재하는데 여태껏 만나지 못했다니 손해가 막심합니다!

시간은 흐르는데 내 삶은 제자리라는 불안감

하지만 한편 나는, 당신을 마침내 만날 때까지는, 고통에 빠진 내 동료들에게 계속 이야기할 것이다. 손가락 틈새로 세월이 술술 새는데 아직 자신의 삶은 여전히 제대로 된 궤도에 오르지 못했다는 느낌에 고통받는, 셀 수 없이 많은 영혼들에게.

깊숙이 들여다보면 그 느낌들은 대개 기대, 고대, 열망에서 오는 초조함이다. 그게 당신을 계속 불안하고 불편하게 만든다. 마치 즐거운 만찬장에서 흥이 오를 때마다 찬물을 끼얹는 유령처럼. 영화를 보며 폭소를 터트리다가도 앙상한 손가락이 나를 가리키는 모습이 보여서 등골이 서늘해진다. 막차를 놓칠까 봐 전속력으로 달려가 승강장에서 열차를 기다리며 한참 숨을 가라앉히고 있는데, 뼈다귀들이 들썩거리며 여봐란 듯이 옆으로 다가와서 묻는다.

"이봐, 대체 당신의 청춘을 어떻게 한 거야? 그 나이에 뭘 하고 있느냐 말이야?"

당신은 이렇게 주장할지도 모르지.

"계속 고대하고 열망하는 건 삶의 일부야. 삶과 분리할 수 없는 거라고."

맞다, 진짜 그렇다!

열망만 하지 말고, 지금 당장 시작하라

그렇다 해도 정도의 차이가 존재한다. 여기 메카Mecca*에 가려는 사람이 있다고 해 보자. 그는 양심이 '메카에 가라'고 명령해서 길을 떠난다. 여행사의 도움을 받으면 다행이지만, 아무런 도움이 없을 수도 있다. 메카에 꼭 도착한다는 보장이 없다. 포트사이드Port Said에 닿기도 전에 익사할 수도 있고, 홍해 해안에서 이름도 없이 죽어갈 수 있다. 그러면 그의 소망은 영원히 좌절된다.

이루지 못한 열망이 그를 한없이 괴롭힐까? 아마도. 하지만 그는 적어도 메카에 가고 싶다는 소망 때문에 괴로워하면서도 자기 동네도 못 떠나는 사람처럼 괴롭지는 않다.

떠났다는 사실이 중요한 것이다. 대부분 자기 동네 바깥으로 한 걸음도 나가지 못하니까. 시내까지 택시를 타

---

* 이슬람의 3대 성지 중 하나. 이슬람교도들은 살면서 반드시 1번은 성지 순례를 다녀와야 한다.

고 나가 여행사에 인솔여행 가격을 물어보는 일조차 하지 않는다. 그러면서 "하루가 24시간뿐이라 시간이 없다"는 변명만 늘어놓지.

벅차지만, 그래도 뭔가 더 해야 한다는 초조함

이 '모호하고 불편한 열망'을 더 깊이 파헤쳐 보면, 그게 어떤 고정관념에서 비롯된다는 생각이 들 것이다. '맡은 임무를 충실하게 다할 뿐만 아니라 추가로 뭔가를 더 해야 한다'는 고정관념 말이다.

우리는 성문율이든 불문율이든 다양한 규칙에 따라 자신과 가족의 안녕을 돌보고, 부채를 상환하고, 저축하고, 수익성을 높여 부를 증식할 의무를 지고 있다. 여간 어려운 임무가 아니다! 대부분이 실패한다! 대개 우리의 능력을 넘어서니까! 그런데도 우리는 가끔, 이 대단한 임무를 해내고도 불만을 느낀다. 찬물을 끼얹는 유령이 여전히 곁에 머물러 있기 때문이다.

'내 능력을 넘어서는 일이야. 내 힘만으로는 처리할 수 없어.'

이렇게 사실을 분명히 인지하고 있을 때조차, 한편으로는 이렇게 생각하는 것이다.

'물론 지금 일만으로도 벅차지만, 그래도 뭔가 더 하면 덜 불안할 것 같은데……'

이 불편한 열망의 이름은 '지적 호기심'

놀랍게도 전적으로 사실이다. 공식 업무에서 특정한 수준을 넘어선 사람이라면 뭔가 더 성취하고픈 소망을 어김없이 품는다.

그들은 이 소망을 충족시키려는 노력에 착수하기 전까지 계속 불안감에 시달린다. 고대하는 일을 아직 시작조차 하지 못했다는 불편한 감정이 영혼의 평화를 어지럽

힌다.

이 소망은 지금껏 다양한 이름으로 불렸다. 일종의 보편적 지식욕에 속한다고 보면 된다. 어찌나 강렬한지 지식의 체계적 습득에 일생을 바친 학자들이 이 욕구 때문에 통상적인 수준을 뛰어넘는 성취를 이뤄냈던 것이다. 허버트 스펜서Herbert Spencer*조차 이 욕구에 떠밀리다가 자주 슬럼프에 빠졌다고 고백했다.

삶을 강하게 인식하는(말하자면 지적 호기심을 가진) 사람들의 대다수에게, 업무를 능가하려는 열망은 문학적 형태로 드러난다. 그래서 독서 강좌에 등록하고 싶어 한다. 실제로 영국인은 확실히 문학적으로 변하고 있다.

하지만 문학은 결코 전체 지식의 영역을 포괄하지 못하며, 문학이 아니어도 자신을 향상시키려는(자신의 지식

---

* 영국의 진화 사회학자. 철학, 과학, 종교를 모두 아우르는 체계를 세우려고 했던 석학이다. 다윈의 진화론에 입각하여 사회의 발전을 진화론적으로 설명했던 '사회 진화론'은 오늘날 더이상 지지받지 못하지만, 당대에는 탁월한 이론으로 여겨졌다.

을 넓히려는) 불편한 갈증을 해소할 방법은 얼마든지 있다. 이 다양한 해소 방법은 차차 다루기로 하고, 지금은 문학에 타고난 감응이 없는 사람들에게는 문학이 유일한 지식이 아니라는 점만 지적하겠다.

3장

시작은 도저히 실패할 수
없는 작은 계획부터

내 설득이 그럭저럭 성공한 듯하다. 당신이 일과에서 불만을 괴롭게 억누르고 있음을 인정하니 말이다. 하고 싶은 일, 더 정확히는 '시간이 더 많아지면 해야지' 싶은 일을 매일 그대로 방치하고 있다는 느낌 때문에 불편하다는 것도 인정한다. 또한 당신은 이미 존재하는 모든 시간을 다 가졌기에 결코 '시간이 더 많아질 수 없다'는 자명한 진리에도 주목한다.

그래서 이제 당신은 내가 '완벽한 하루'를 만드는 기가 막힌 비법을 알려줄 거라고 기대한다. 하고 싶은 일을 그대로 방치하는 바람에 날마다 가시지 않는 불쾌한 실망감을 없앨 수 있는 비법 말이다.

엄청난 변화를 기대했다면 지금 당장 책을 덮어라

허나 내게는 그런 기가 막힌 비법이 없다. 앞으로 찾을 것 같지도 않고, 누군가가 발견할 것이라는 기대도 없다. 그 비법은 지금껏 발견되지 않았다. 당신은 처음 내 글의 취지를 알아차렸을 때 버렸던 희망이 다시 싹텄을 텐데. 아마 이렇게 혼잣말을 했을지도 모르겠다.

'내가 오랫동안 하고 싶다고 바라기만 했던 일을 실천할 손쉬운 방법을 이 사람이 알려줄 거야.'

이런, 그렇지 않다! 손쉬운 방법이나 왕도는 없다. 메카로 향하는 길은 지극히 험난하며, 무엇보다 안타깝게도 여러분은 결코 메카에 도달하지 못할 수도 있다.

자신의 삶을 정비해 24시간이라는 하루치 예산의 범위 내에서 충만하고 안락하게 생활하는 임무에 대비할 때 가장 중요한 요소는, 여간 어려운 임무가 아니어서 끝없는 희생과 노력이 요구된다는 '냉철한 깨달음'이다. 나는 이 점을 힘주어 강조하고 싶다.

만일 종이와 펜으로 기발한 시간표만 작성하면 될 거라고 꿈꾼다면 당장 희망을 버리기 바란다. 낙담하고 꿈에서 깰 각오가 되지 않았다면, 열심히 노력하고 하찮은 결과만 얻으면 실망스러울 것 같다면, 애초에 시작하지 마라. 다시 잠자리에 누워 당신이 '삶'이라고 이름붙인 불편한 잠을 청하라.

너무 슬프고, 울적하고, 우울한가? 하지만 나는 가치 있는 일을 실천하려면 먼저 의지를 단단히 다져야 한다는 사실이 그리 나쁘지 않다고 생각한다. 오히려 마음에 든다. 그것이 나와 난롯가에서 조는 고양이를 구별하는 중대한 요소라고 생각한다.

하루 24시간 어떻게 살 것인가

지금 시작하지 않으면 영원히 못 한다

"음, 내가 전투에 나갈 준비를 마쳤다고 가정합시다. 당신의 묵직한 발언을 심사숙고하고 이해했다고 쳐요. 그렇다면 어떻게 시작하면 돼죠?"

친애하는 선생님, 그냥 시작하십시오!

마법 같은 시작법이란 존재하지 않는다. 만일 누군가 수영장 가에 서서 차가운 물로 뛰어들고 싶어 하며 "어떻게 뛰어들죠?"라고 묻는다면 뭐라고 말할 텐가.

"그냥 뛰세요. 용기내서, 뛰어들어요."

앞서 말했듯이 끊이지 않는 시간 공급의 중대한 묘미는 '미리 앞당겨서 쓸 수 없다'는 점이다. 내년, 내일, 다음 1시간이 당신을 위해 보관되어 있다. 마치 당신은 평생 단 한 순간도 낭비하거나 허투루 쓴 적이 없다는 듯이 완벽하게 훼손되지 않은 상태로 말이다. 얼마나 감사하고 마음이 놓이는지. 맘만 먹으면 매시간 새롭게 시작할 수도 있다. 다음 주나 심지어 내일까지 기다릴 이유가 전

45

혀 없다. 다음 주면 수영장 물이 더 따뜻해질 것이라고 생각하고 싶겠지만, 아니다. 더 차가울 것이다.

지나친 열정은 안 된다! 한순간 확 사그라지니까

하지만 시작하기에 앞서 살짝 귀띔해 줄 주의 사항들이 몇 개 있다.

제일 중요한 건, 당신의 열정을 경계하는 것이다. 지나친 열정은 오히려 일을 그르칠 수 있어서 위험하다. 열정은 자기를 이용하라고 워낙 큰소리로 요구하기 때문에, 도저히 단번에 만족시킬 수가 없을 뿐더러 갈수록 더 요구가 많아진다. 산을 움직이고 강의 흐름을 바꾸고 싶어한다. 땀이 흐를 때까지 만족을 모른다. 그러다 이마에 흐르는 땀이 느껴지면 갑자기 싫증을 내고는 사그라진다. "이쯤 했으면 됐다"고 느낄 겨를조차 주지 않고.

처음에 너무 많이 착수하지 말고, 아주 작게 시작하라.

돌발 상황을 염두에 두어야 하기 때문이다. 또 인간의 본성, 특히 당신의 본성도 고려해야 하기 때문이다.

자존감과 자신감만 다치지 않는다면 한두 번의 실패쯤이 대수랴. 하지만 성공이 성공을 낳고, 실패가 실패를 낳는다. 대개 너무 거창하게 시도했다가 실패한다. 그러니 '24시간'이라는 좁은 한계 내에서 충만하고 안락하게 살겠다는 원대한 계획에 착수할 때, 반드시 초기에 실패할 위험을 피하라. '명예로운 실패가 하찮은 성공보다 낫다'는 말은 시간 관리에서는 틀리다. 전적으로 '하찮은 성공'이 중요하다. 명예롭게 실패하면 아무것도 얻지 못하고, 하찮게라도 성공해야 더 큰 성공으로 이어질 수 있다.

그러니 예산(24시간)부터 살펴보자. "내 하루는 이미 꽉 차서 용량 초과"라고? 말도 안 된다! 당신이 생계를 위해 쓰는 시간이, 평균 7시간쯤? 수면에도 7시간? 넉넉 잡아서 2시간을 더하자. 그럼 자, 당신이 나머지 8시간은 어떻게 쓰고 있는지 지금 당장 내게 설명해 보라.

4장

문제는 24시간 중에서
8시간만 바라보는 것

'시간 지출'이라는 문제를 단번에 현실적으로 이해되
도록 예를 들어 보겠다. 딱 한 사례만 소개한다고 해서,
그게 평균치라고 생각하지는 않았으면 한다. 평균적인
사람이 없듯이 평균적인 사례도 없다. 모든 사람, 모든 사
례들은 다 제각각 특별하다. 그냥 현실적인 평균에 가까
운 인물을 제시해 보겠다.

　'오전 10시부터 오후 6시까지 근무하는 직장인으로,
출퇴근에 50분쯤 쓰는 런던 사람.'

(생계비에 맞춰서 누구는 더 오래, 누구는 더 짧게 일할 것이다. 하지만 여기서는 개인의 재정 상황 말고 '시간 지출'만 따져볼 것이기에, 주급 1파운드의 직장인과 최고급 주택가*에 사는 백만장자도 똑같다고 보자.)

출근 후가 일과인가, 퇴근 후가 일과인가

그가 저지르는 가장 중대하고 심각한 실수는 기본 마음가짐에 있다. 이 실수가 그의 에너지와 흥미를 2/3나 손상시키고 약화시킨다.

그러니까 그는, 자기 일에 대단한 열정이 있지는 않다. 기껏해야 싫어하지 않을 뿐이다. 맡은 일을 최대한 늦게 마지못해 시작하고 최대한 일찍 쾌재를 부르며 끝낸다. 자신의 엔진을 최대 출력 상태로 맞춰 일하는 법이 거의

---

* 원문에서는 Carlton House-terrace(칼튼하우스 테라스 가)라고 표현했다.

없다. (성난 독자들이 도시 직장인들을 폄하한다고 나를 비난할 것임을 알고 있다. 하지만 나는 런던이라는 도시를 매우 철저하게 파악하고 있으니 이 설명을 밀고 나가겠다.)

그런데도 그는 오전 10시~오후 6시까지를 '일과'로 여긴다. 그 이전의 10시간과 이후의 6시간은 프롤로그와 에필로그일 뿐이다. 그러다 보니 무의식적으로 나머지 16시간을 없애 버렸다. 그 16시간을 낭비하는 건 아닌데, 소중히 하지도 않는다. 그저 자투리라고 여긴다.

대단히 비논리적이고 불건전한 태도다. 스스로 '견디'다가 '끝내'버린다고 생각하는 특정한 시간대와 활동에만 중요성을 부여하다니! 절대적으로 열렬한 흥미가 없다는 사실을 인정함으로써 존재의 2/3를 나머지 1/3에 종속시켜 버린다면, 어떻게 충만하고 온전하게 살 수 있겠는가? 불가능하다.

16시간짜리 '작은 하루'를 되찾아라

그가 충만하고 온전하게 살고 싶다면, 마음속으로 하루라는 틀 안에 또 다른 하루를 계획해야 한다. 마치 큰 상자 속에 든 작은 상자와도 같은 '작은 하루'는 오후 6시에 시작해서 오전 10시에 끝난다. 16시간짜리 하루다. 해야만 하는 일이라곤 전혀 없이 그저 몸과 영혼과 주변사람을 돌보면 되는 시간이다. 한껏 자유로운 시간! 돈받았으니 일해야 하는 노동자가 아니다. 돈 걱정도 잠시 내려놓는다. 불로소득이 있는 사람 같은 마음가짐이어야 한다. 마음가짐이 가장 중요하다. 거기에 삶의 성패가 달렸으니까. (상속세를 어마어마하게 내야 할 부동산을 남기는 것보다 훨씬 더 중요하다.)

"네에? 그 16시간에 온 에너지를 쏟으면 근무하는 8시간의 질은 떨어질 텐데요?"

그렇지 않다. 오히려 근무하는 8시간의 질이 월등히 올라간다. '정신은 어려운 활동을 끊임없이 수행할 수 있다'는 중대한 사실을 깨달아야 한다. 정신의 피로는 팔다리의 피로와는 다르다. 정신이 원하는 건 휴식이 아니라, 변화다. 잠잘 때만 빼고.

정신에 휴식이 아니라 변화를 주어라

지금부터는 기상 시간을 기점으로 온전히 그의 소유인 16시간을 활용할 방식을 살펴보자. 나는 여기서는 '하라, 마라' 정도만 언급하겠다. 마치 정착민이 숲에 공터를 만들듯 텅 비운 시간에 '뭘 심을지'에 대한 제안은 일단 접어두고.

객관적으로 평가해서 기상해서 집을 나설 때까지 그가 낭비하는 시간은 거의 없다. 9시에 일어나서 7분~9분 30초까지 아침을 해결하고 급히 집을 나서기(10분) 다반사니까. 그런데 현관문을 쾅 닫자마자 그의 정신은, 지치는 게 아니라, 게을러진다. 비몽사몽 상태로 역까지 걸어

가서 열차가 오기를 기다리며 서성인다. 매일 아침 수백 군데의 지하철역에서 그렇게 수십만 시간이 증발한다. 시간에 대한 생각 자체를 거의 않다 보니, 시간을 상실할 위험에 대비할 아주 간단한 예방책을 취해야 한다는 생각이 안 든 것이다.

쉽게 말해서, 그는 매일 쓸 수 있는 금화(24시간)를 가졌는데, 잔돈으로 바꾸면서 기꺼이 큰 손해를 감수하는 것이다. 철도 회사가 "우리가 금화를 바꿔 드리고 수수료로 1페니 반(5분)을 받겠다"고 말하고 하루에 두 번씩 받아가는 꼴이다.

내가 시답지 않은 문제를 들먹이는 것 같은가? 맞다. 하지만 다 이유가 있다. 나중에 설명하겠다.

그러니 지금은 부디 신문을 사서 기차에 올라주겠는가?

5장

주 3회 90분 확보가
시작이다

당신은 신문을 들고 출근 열차에 올라 조용히 신문을 읽는다. 서두르지 않는다. 앞으로 최소한 30분은 확보되어 있음을 알기에. 지면 광고 등을 훑어 보는 당신의 모습은, 하루가 24시간이 아니라 124시간인 행성에서 온 사람의 분위기를 풍긴다.

나는 신문의 열성 독자다. 영어판 5개에 불어판 2개를 매일 읽고, 주간지도 몇 가지 꾸준히 본다(정확히 몇 개나 보는지는 판매원만 알 것이다). 이렇게 시시콜콜한 것까지

하루 24시간 어떻게 살 것인가

밝히는 이유는, 내가 출근 열차에서 신문을 읽는 것에 반대한다고 말할 때 "신문에 편견을 가졌다"는 비난을 피하기 위함이다.

출근길에 신문을 읽지 마라

신문은 빨리 만들어져 빨리 읽힌다. 그런데 내 일과에 신문을 위한 자리는 없다. 읽긴 읽는데, 반드시 자투리 시간에 읽으니까. 혼자만의 고독을 즐길 수 있는 30~40분을 신문에 쏟기를 거부하는 것이다(말 없고 과묵한 남자들로 가득한 곳 말고 온전히 자신에게 침잠할 수 있는 곳이 몇이나 되는가!).

나는 당신이 고대 오리엔트 황제라도 되는 듯, 값을 매길 수 없이 귀한 보석 같은 시간을 온 사방에 마구 뿌려대도록 방치할 수 없다. 당신은 시간의 왕이 아니다. 당신에게 주어진 시간이 나보다 더 많지 않음을 예의를 갖춰

일깨우고 싶다.

열차에서 신문만 읽지 않아도 이미 45분이 '비축'된다.

잠들까 말까 고민하느라 증발하는 6시간

이제 직장에 도착한다. 당신은 6시까지 그곳에 머문다. 중간에 점심시간이 1시간 주어진다(실제로는 1시간 반. 먹는 데는 30분도 채 걸리지 않는다). 그 시간은 각자 마음대로 쓰도록 맡기겠다. 이 시간에 신문을 읽어도 좋겠다.

직장을 나서는 당신을 보자. 당신은 핼쑥하고 피곤하다. 당신도 배우자가 "당신 핼쑥해 보여"라고 말할 정도로 피곤하다는 인상을 전한다. 퇴근길에 조금씩 피곤하다는 느낌을 끌어올린다. 특히 겨울이면 피곤이 집 위로 먹구름처럼 무겁게 드리운다. 곧바로 저녁을 먹지 않는다. 한 시간쯤 몸을 추스르고 나서야 영양을 섭취할 기분이 약간 든다. 먹고 나면 천천히 담배를 피운다. 친구들을 만난다. 빈둥거린다. 카드놀이를 한다. 책을 만지작거린다. 노년이 스멀스멀 다가온다는 사실을 깨닫는다. 산책을 나간다. 피아노를 어루만진다…… 어이쿠! 11시 15분이다. '잠자리에 들까'로 40분을 생각한다. 최고급 위스키를 음미할 수도 있겠다. 그러다 마침내 일과에 지쳐 잠자리에 든다. 직장을 나서면서부터 6시간(이나 그 이상)이 사라졌다. 꿈처럼, 마법처럼, 흔적도 없이 사라졌다!

꽤나 흔한 사례다. 당신은 이렇게 말하겠지.

"당연합니다. 아무리 피곤해도 사람이 친구는 만나야죠. 항상 긴장 상태로 있을 수는 없어요."

지당한 말이다. 그런데 (특히 근사한 이성과의) 데이트가 있을 때는 어땠더라? 서둘러 교외(집)로 온다. 멋지게 치장하기 위해 수고를 아끼지 않는다. 서둘러 다시 열차에 올라서, 족히 4~5시간 동안 긴장해 있다가, 상대를 집에 데려다주고 귀가한다. 잠자리에 들지를 '생각하지' 않는다. 그냥 잠자리에 든다. 친구든 피로든 싹 다 잊었고, 그날 저녁이 아주 길다고(어쩌면 너무 짧다고) 느낀다! 아마추어 오페라 합창단의 가입 권유를 받고 3달 동안 격일 밤마다 2시간씩 맹연습을 했던 때는 어땠던가? 저녁 무렵 기대가 되는 일, 에너지를 모두 쏟아야 하는 일이 있을 때, 그 일을 생각만 해도 그날 하루 행복감과 더욱 진한 생동감을 느낀다는 사실을 부정하겠는가?

누가 뭐래도 꼭 필요한 '영혼의 90분'

내 제안은 오후 6시에 '당신은 피곤하지 않다'는 진실을 직시하고(정말이다. 당신도 알고 있지 않은가!) 저녁 식사 때문에 중단되지 않는 저녁 시간을 확보하라는 것이다. 최소 3시간은 확실히 생길 거다.

처음부터 그 3시간을 전부 정신 훈련에 투자하라는 게 아니다. 일단 격일로 1시간 반씩만 꾸준히 써라. 그러면 아직 친구와 카드놀이, 테니스, 가정생활, 짧은 독서, 흡

연, 정원 가꾸기, 도자기 만들기, 공모전 참가를 위한 사흘의 저녁 시간이 남아 있으니까. 또 토요일 오후 2시부터 월요일 아침 10시까지 무려 '44시간'도 있다.

꾸준히 하다 보면 머지않아 나흘, 어쩌면 닷새 저녁을 모두 써서 진정으로 하고 싶은 어떤 활동이 생길 것이다. 밤 11시 15분에 '잠들까 말까' 하며 투덜대는 습관에서 벗어날 것이다. 침실 문을 열기 40분 전부터 잠자리를 생각한다면 당신은 따분한 거다. 살고 있지 못한 거다.

명심하라. 주3회 저녁 시간 90분을 10,080분(일주일 전체)에서 가장 중요하게 생각하는 것부터 시작하라! 연극 리허설이나 테니스 시합처럼 반드시 확보되어야 할, 신성한 시간이다. 아니, 오히려 "테니스 치러 가야 해서 못 만나겠어. 미안하네, 친구" 하고 말하기보다 "(내 영혼을 위해) 할 일이 있으니 다음에 봐" 하고 당당하게 말하라.

물론 그러기 무척 어렵다는 건 나도 안다. 다들 '영혼'이야 테니스 시합에 비해 다급할 게 없다고 여기니까.

작게 시작해야
크게 성공한다

앞에서 언급한 '44시간(직장을 나서는 토요일 오후 2시부터 직장으로 돌아가는 월요일 오전 10시까지)'을 기억할 것이다. 자, 이제는 일주일이 6일인지 7일인지 결정하자.

수년 동안(그러니까, 마흔이 되기 전까지) 나의 일주일은 7일이었다. 더 현명한 연장자들이 "일주일이 6일일 때 더 많은 일을 하고, 더 진정한 삶을 산다"고 계속 일러주었는데도 말이다.

지금은 달라졌다. 7일 중 하루는 즉흥적인 일들 빼고는 전혀 일과를 따르지 않고 아무 활동도 하지 않으며 휴식하면서, 한 주의 가치를 강렬하게 음미하고 있다.

일주일은 6일인가, 7일인가

그러나 만일 그 시절로 다시 돌아가면 예전처럼 똑같이 살 것이다. 오랫동안 주 7일을 전력질주로 살아온 사람들만이 정기적으로 돌아오는 나태함의 진가를 완벽하게 음미할 수 있는 것이다. 더군다나 나는 나이를 먹고 있다. 나이의 영향도 크다.

넘치는 에너지와 갈망을 가진 젊은이들에게는 주저 없이 이렇게 말해 주겠다.

"쉼없이 해 나가게. 눈뜰 때부터 잠들 때까지."

하지만 평균적인 경우에는 이렇게 말할 것이다.

"공식적인 일과(내 말은, 초인적인 일과)는 일주일에 6일로 제한하라. 원한다면 더 늘려도 괜찮다. 단, 스스로 원하는 만큼만 늘리고 남는 시간을 뜻밖에 굴러 들어온 횡재처럼 소중히 써라. 늘 생기는 고정 수입처럼 여기지 말고. 그러면 더 쪼들린다거나 다시 퇴보한다는 느낌 없이 6일짜리 일상으로 돌아갈 수 있다."

고작 7시간 반으로 뭐가 되겠냐고? 습관이 바뀐다

현재 우리 상황을 점검해 보자. 매일 낭비되는 시간을 아껴서 최소한 주 6일간의 아침 30분을, 또 주 3일간의 저녁 1시간 반을 확보했다. 일주일에 총 7시간 반이다.

일단은 이 7시간 반에 만족하기 바란다.

"뭐라고요? 삶의 비법을 알려줄 것마냥 굴더니, 168시간 가운데 고작 7시간 반에 만족하라니요! 7시간 반으로 기적이라도 일으키겠다는 겁니까?"

당신이 이렇게 소리치는 소리가 들리는 듯하다.

음, 단도직입적으로 말해서, 그렇다! 당신이 차분히 따라와 준다면 말이다.

내가 당신에게 완전히 당연하고 설명이 가능하지만 왠지 기적 같이 느껴지는 어떤 경험을 시도하라고 부탁할 것이다. 7시간 반을 완벽하게 활용하면 한 주의 생활 속도가 빨라지고 열정이 커지며 가장 진부한 업무라도 관심도가 높아질 것이라고 장담한다.

아침저녁으로 딱 10분씩만 운동을 해도, 매 순간 신체 건강과 체력이 좋아지고 외모가 변한다. 그러니 하루 평균 1시간 이상을 정신에 투자했을 때, 정신 활동이 영원히 전반적으로 활발해진다는 사실이 어찌 놀랍겠는가.

물론 자아 계발에 더 많은 시간을 할애할 수 있다. 할애하는 시간이 길수록 더 큰 결과를 얻을 것이다. 하지만 나는 사소해 보이는 노력들부터 시작하는 편을 더 선호한다.

해 보면 금방 느끼겠지만 쉽지 않기 때문이다. 그 어지러운 '정글'에서 7시간 반의 '공백'을 내는 일은 여간 어렵지 않다. 뭔가를 희생해야 한다. 아무리 한심하게 보냈더라도 어쨌든 시간을 보냈다. 아무리 무분별하게 행동했어도 어쨌든 행동했다. 말하자면, 습관을 바꿨다는 말이다.

실패가 없도록 시도는 아주 작게, 시간은 2배씩

습관을 바꾸기란 얼마나 어려운가! 변화에는, 설령 그것이 더 나아지는 변화라 할지라도 늘 장애물과 불편이 따른다. '일주일에 7시간 반쯤 진지하고 지속적인 노력에 들여도 삶은 예전과 똑같을 것이다'라고 생각한다면 오산이다. 거듭 말하건대 어느 정도의 희생(포기)과 엄청난 의지가 반드시 필요하다.

나는 그게 얼마나 어려운지, 또 거창하게 시작했다가 실패했을 때 얼마나 낙담이 되는지 잘 안다. 그러니 진심으로 권하건대 아주 약소한 것부터 시작하라. 그렇게 해서 자존감을 지켜라. 자존감은 모든 목적 의식의 원천이다. 신중하게 준비한 계획이 실패하면 자존감이 치명상을 입는다. 따라서 거듭 되풀이하노니, 조용히 겸손하게 시작하라.

3달 정도 꾸준히 매주 7시간 반을 잠재력 계발에 투자해 보면, '내가 얼마나 놀라운 일들을 해낼 수 있는지' 더 자신있게 외칠 수 있을 것이다.

이제 '7시간 반'의 구체적인 활용법으로 넘어가기에 앞서, 마지막으로 한 가지 더 당부하겠다. 시간을 훨씬 넉넉하게 할애하라는 것이다. 언제나 돌발 상황이 생기고, 사람이 하는 일이기 때문이다.

그러니 예컨대 90분이 걸리는 일이라면, 넉넉하게 9시부터 11시 30분까지의 시간을 할애하라.

6장 · 작게 시작해야 크게 성공한다

7장

출근길에는 집중력 훈련

사람들은 "생각은 조절할 수 없다"고 말한다. 아니다. 조절할 수 있다. 생각하는 기계, 즉 두뇌는 완벽하게 통제 가능하다. 뭐든 다 뇌 안에서 일어나는 일이니까, 슬픔도 기쁨도 실제가 아니라 뇌의 작용이니까, 당연히 그 신비로운 뇌의 작용을 통제할 수 있느냐가 가장 중요해진다.

　진부하기 짝이 없는 개념이라고 하겠지만, 이 진부한 개념의 심오한 진리와 절실함을 평생 깨닫지 못하고 살다가 죽는 사람이 대다수다. 사람들은 집중력이 부족하다고 투덜댈 뿐, 선택만 하면 집중력을 얻을 수 있다는 사실을 깨닫지 못하는 것이다.

몸은 열심히 살피면서 왜 두뇌는 살피지 않는가

집중력이 없으면, 다시 말해 뇌가 임무를 지시하고 반드시 복종하게 만들지 못하면, 진정한 삶은 불가능하다. 마인드 컨트롤이야말로 충만한 삶의 첫 번째 요소다.

따라서 내 생각에는 정신의 속도를 가다듬는 것을 하루의 첫 번째 과제로 삼아야 한다. 당신은 몸은 안팎으로 살핀다. 위험을 무릅쓰고 살갗에서 털을 깎아내고, 위장을 채워 품위 있게 행동하기 위해 우유배달부에서 도축업자에 이르기까지 수많은 사람의 도움도 기꺼이 받는다. 그런데 어째서 두뇌라는 훨씬 더 섬세한 기계에는 전혀 주의를 기울이지 않는가? 특히나 외부의 도움도 일체 필요 없는데 말이다.

집중력이 없는 게 아니라, 선택하지 않는 것이다

바로 이 부분을 위해, 나는 당신이 현관을 나서는 순간부터 직장에 도착하는 순간까지의 시간을 남겨 두었다.

"무슨 말입니까? 거리, 승강장, 열차, 그리고 다시 붐비는 거리에서 내 두뇌를 계발해야 한다고요?"

정확하다. 더없이 간단하지 않은가. 아무것도 필요 없다. 얇은 지침서조차 불필요하다. 그러나 녹록한 문제는 아니다.

집을 나설 때 정신을 한 주제에 집중하라. 뭐가 됐든 좋다. 10미터도 채 못 가서 당신 정신은 감시망을 벗어나서 다른 주제와 시시덕대고 있을 것이다.

목덜미를 잡아채 다시 데려오라. 역에 도착할 무렵까지 한 마흔 번쯤 붙잡아와야 할 것이다. 절망하지 마라. 계속하라. 멈추지 마라. 그러면 성공할 것이다. 계속하면 결코 실패하지 않는다.

집중력이 없는 척해도 소용없다. 마음에 걸리는 편지

를 받았던 그날 아침을 기억하지 않는가? 어휘 선택에 매우 신중을 기해서 답장해야 할 편지 말이다. 그때는 직장에 도착하기 전까지 단 1초도 한눈팔지 않고 '답장'만 생각하지 않았는가? 직장에 도착하자마자 즉시 자리에 앉아 답변을 작성하지 않았는가? 상황으로부터 자극을 받으면 당신이 얼마든지 독재자처럼 정신을 지배할 수 있다는 증거다. 잡념 따위는 없었다. 해야만 하는 일이라고 생각해서, 해냈다.

출근길은 집중력 훈련의 최적기

집중력 훈련을 꾸준히 하면(끈기 이외에 다른 비법은 없다!) 언제 어디서나 정신을 지배할 수 있다(당신 내면에서 가장 높은 존재는 정신이 아닌 것이다!). 훈련은 아주 쉽다. 근육 운동을 하겠다고 아령을 한 쌍 들고 간다거나 공부를 하겠다며 10권짜리 백과사전 한 질을 통째로 들고 열차에 탄다면 십중팔구 사람들의 이목이 당신에게 집중될 것이다. 하지만 거리를 걷거나 열차 칸 모퉁이의 기둥 뒤에 앉아서, 혹은 지하철에서 손잡이를 잡고 있을 때면, 당신이 두뇌 활동에 몰두하고 있는 줄 누가 알아차리겠는가? 어떤 멍청이가 당신을 비웃겠는가?

어제 저녁에 읽었던 《명상록》을 곱씹어라

집중할 대상은 상관 없다. 집중하기만 하면 된다. 두뇌를 훈련하고 있다는 자체가 중요하다. 그래도 기왕이면 일석이조가 되도록, 유용한 것에 집중하는 게 좋겠다. 내 제안은 마르쿠스 아우렐리우스Marcus Aurelius*나 에픽테토스Epictetus**를 읽으라는 것이다(그저 제안일 뿐이다).

---

* 로마 제16대 황제(121년~180년). 5현제 중 한 명으로 꼽힐 정도로 철학적 소양이 높았다. 전쟁 막사에서 쓴 일기여서 내밀한 자기 반성과 자기 고백을 담고 있는 《명상록》이 유명하다. 에픽테토스의 철학을 공부했다고 한다.

이들의 이름만 듣고 지레 겁먹지 않기를 바란다. 내가 알기로 마르쿠스 아우렐리우스나 에픽테토스보다 더 '현실적인' 것, 다시 말해 당신이나 나처럼 평범한 사람(거만함, 겉치레, 허튼소리를 싫어하는 사람!)들의 일상생활에 적용할 만한 평범한 상식이 가득한 책은 없다.*** 저녁에 한 챕터(길이는 짧아도 어엿한 한 챕터다!)를 읽고 다음날 아침에 그것을 깊이 묵상하라. 내 말이 무슨 뜻인지 이해하게 될 것이다.

친구여. 사실을 숨기려고 애써봐야 소용없다. 여러분의 뇌가 중얼대는 말이 귓전에 들리는 듯하니까.

'이 사람이 7장까지는 제법 잘 썼네. 살짝 흥미가 생기

** 고대 그리스 로마 철학자(55년~135년)로, 스토아 철학자로 유명하다. 프리기아(현재 터키의 한 지역)에서 잡혀가 노예로 자라다가 자유민이 된 독특한 이력을 지녔다. 우주 만물에는 보편적 이성(logos. 로고스)이 존재하니, 그 이성을 깨닫고 순응해서 살면 사사로운 감정에서 벗어나 아파르테이아(apartheia. 평정심, 부동심)에 도달할 수 있다고 말했다.
*** 제시한 학자들의 책은 모두, 세계 전체에 적용되는 진리를 찾으라고 말하고 있기 때문에 이렇게 말한 듯하다.

려고 하는데. 하지만 출근길에 집중력 훈련을 하라는 얘기는 나랑 좀 안 맞아. 뭐, 다른 사람들이야 괜찮을지 몰라도 내 취향은 아니야.'

당신이 들어야 할 조언이다!

힘차게 반복하노니 당신을 위한 것이다.

사실 바로 당신이 딱 내가 목표로 삼은 사람이다.

그러니 내 제안을 내팽개친다면, 당신에게 제시된 가장 소중한 제안을 내팽개치는 것이다. 사실 이것은 내 제안이 아니다. 지구상에 태어난, 가장 현명하고 실용적이며 냉철한 사람들의 제안이다. 나는 중개자일 뿐이다. 시도해 보라. 정신을 다잡아라. 그리고 이 과정이 인생의 해악 가운데 절반, 특히 괴롭고 창피하지만 피할 수 있는 질병인 '걱정'을 어떻게 치유하는지 지켜보라!

8장

퇴근길에는 내면을 성찰

정신을 집중하는 연습(하루에 적어도 30분은 투자하자!)
은 기초 단계다. 피아노의 음계를 배우는 단계와 같다고
할까. 복잡한 유기체에서 가장 제멋대로인 일원을 통제
할 힘을 얻었다면, 당연히 고삐를 죄는 단계로 나가야 한
다. 두뇌를 최대한 활용하지 못할 거라면, 두뇌가 순종적
인들 무슨 쓸모가 없겠는가. 중대하고 긴 연구 과정이 필
요하다.

인간이여, 너 자신을 알라!

연구 대상이 무엇이어야 하는지에 대해서는 이견이 없다. 지금껏 쭉 의문이 제기된 적이 없었다. 연령을 불문하고 모든 현명한 사람들이 동의한다. 문학이나 예술, 역사, 과학이 아니라 바로 '자아'라고.

"인간이여, 너 자신을 알라."

너무 진부한 말이라 글로 적기가 참 민망하다. 하지만 꼭 글로 적어야 한다. 그래야만 하니 말이다(내 민망함을 거두는 바이다. 이렇게 중요한 일을 부끄러워하다니!). 소리 내어 외쳐 본다.

"인간이여, 너 자신을 알라."

모두가 알고 있고, 모두가 그 가치를 인정하지만, 오직 최고의 현자들만 실천하는 문구.

이유는 모르겠다. 어쨌든 나는 선한 마음씨를 가진 평범한 현대인들의 삶에서 가장 부족한 것이 성찰이라고 믿는다.

찾아다니기만 하고 정작 아무것도 성찰하지 않는 우둔함

우리는 성찰하지 않는다. 진짜 중요한 일들에 대해 심사숙고하지 않는다는 말이다. 무엇이 행복인지, 지금 제대로 살고 있는지, 삶에서 무엇을 얻어야 할지, 행동할 때 얼마나 이성적으로 판단했는지, 원칙과 행동 사이의 관계 등등.

그러니까, 당신은 여태 행복을 찾아 헤매지 않았나? 그렇다면 행복을 발견했는가?

발견하지 못했을 것이다. 어쩌면 '행복은 손에 넣을 수 없는 것'이라고 체념했을 확률이 높다. 그러나 행복을 찾은 사람들이 분명히 존재한다. 그들은 신체나 정신의 쾌락을 추구하기보다는, 이성을 발달시키고 행동을 원칙에 맞춰 조정할 때 행복이 샘솟는다는 사실을 깨닫고 행복해졌다.

당신이 아무리 대범해도 이 사실을 무작정 부정해 버릴 수는 없을 것이다. 하지만 이 사실을 인정하면서도 본

하루 24시간 어떻게 살 것인가

인의 동기와 원칙, 행동을 숙고하는 데 전혀 시간을 쓰지 않는다면, 당신은 자신이 뭔가를 이루려고 노력하면서도 목표 달성에 꼭 필요한 행동은 전혀 하지 않는다는 사실까지 덩달아 인정하는 셈이다.

자, 이제 화끈거리는 건 내 얼굴이겠는가, 당신 얼굴이겠는가?

행동과 원칙이 일치하는 삶

특정한 원칙을 강요당할까 봐 걱정하지 마라. 나는 (지금) 당신의 원칙에는 관심이 없다. 이를테면 당신이 '강도질은 정당하다'고 믿는다 해도 나는 개의치 않는다. 단, 행동이 원칙과 일치하지 않는 삶은 어리석다고 단언할 뿐이다. 그런데 매일 반성하고 성찰해서 결단을 내리지 않으면 원칙과 일치하는 행동을 할 수 없다고 경고할 뿐이다.

강도들이 영원히 비굴한 이유는, 사실 강도질이 그들의 원칙에 위배되는 행동이기 때문이다. 만일 스스로 강도질의 도덕적 우수성을 믿는다면 징역살이도 더없이 행복할 것이다. 순교자들이 행복한 것은 그들의 행동과 원칙이 일치하기 때문이다.

조금만 방심하면 삶은 본능에 휩쓸린다

(행동을 유발하고 원칙 형성과도 무관하지 않은) 이성이 삶에 미치는 영향은 의외로 무척 적다. 인간은 이성적인 존재로 생각되지만 사실 훨씬 더 본능적으로 행동하기 때문이다. 그래서 성찰하지 않으면 이성적인 삶에서 멀어진다.

다음번에 너무 바짝 구운 스테이크가 나와서 웨이터에게 짜증이 날 때면, 당신 마음속 회의실로 이성을 불러서 물어보라. 그러면 십중팔구 웨이터는 스테이크를 요리하지 않았을 뿐더러 스테이크 요리에 통제권이 없음을 일 깨워 줄 것이다. 설령 탓할 사람이 웨이터밖에 없다 해도 그에게 짜증을 내서 당신이 얻을 수 있는 것이 없음도 말이다. 스테이크 상태는 그대로 엉망이면서, 당신만 품위를 잃고 남들 눈에 멍청한 사람으로 비치며 웨이터의 기분을 상하게 만들 뿐이다.

이성적으로 차분히 돌이켜 보면(성찰에는 돈이 들지 않는다!), 다음에 또다시 스테이크가 너무 바짝 구워져 나와도 웨이터를 동등한 인간으로 대해서 침착하고 친절한 태도로 '새로 요리해 달라'고 공손하게 요청할 수 있다. 그러면 확실하고 실속 있는 이익이 따를 것이다.

독서만 하고 성찰하지 않으면 소용없다

원칙을 만들거나 바로잡아서 행동으로 실천하려 할 때 (권당 6펜스가 넘는 비싼 가격이긴 해도) 책이 큰 도움이 될 것이다. 앞 장에서 이미 마르쿠스 아우렐리우스와 에픽테토스를 소개했다. 훨씬 더 유명한 작품들도 몇 개 방금 당신 머릿속에 떠올랐을 것이다. 파스칼Pascal*, 라 브뤼에르La Bruyere**, 에머슨Ralph Waldo Emerson***도 권한다. 개인적으로 나는 여행에 항상 마르쿠스 아우렐리우스를 동반한다.

그렇다. 책은 소중하다. 하지만 독서가 당신이 최근에 했던 일과 곧 하려는 일을 매일 솔직하고 정직하게 돌아보는 일, 즉 자신의 맨얼굴(혼란스러운 모습일지라도)을 끊임없이 들여다보는 일을 대신하지는 못한다.

이 중요한 과제를 언제 완수할 것인가? 혼자만의 저녁 퇴근길이 제격이지 않을까? 하루 생계를 위해 진이 빠지게 일한 후라서 성찰의 분위기가 자연스럽게 따른다. 물

---

* 프랑스의 수학자이자 철학자(1623년~1662년)
** 프랑스의 철학자(1645년~1696년).《성격론》을 썼다.
*** 미국의 시인이자 사상가(1803년~1882년).《자연론》을 썼다

론 이 가장 기본적이지만 심대하게 중요한 의무에 집중하는 대신 신문을 읽겠다면야 (저녁 식사를 기다리는 동안 읽는 게 더 좋겠지만) 나로서는 할 말이 없다.

하지만 매일 한 번은 반드시 그 의무에 집중하라. 그래야만 한다.

이제 밤 시간으로 넘어가자.

9장

예술적 안목을 키워라

많은 이들이 밤이면 으레 내내 빈둥거린다. 문학 작품을 읽을 게 아니면 빈둥거리는 수밖에 없지 않냐고, 그런데 마침 자신은 문학에 취미가 없다고 말이다. 대단히 큰 착각이다.

물론 책의 도움 없이 뭔가를 제대로 탐구하기란 정말 어렵다. 거의 불가능하다. 하지만 카드놀이나 요트타기를 더욱 깊이 이해하고 싶을 때는, 문학에 관심이 있건 없건 개의치 않고 해당 주제에 대한 최고의 책을 찾을 것이

하루 24시간 어떻게 살 것인가

다. 따라서 문학과 문학적이지 않은 주제를 다루는 책을 구분해야 한다.

문학적인 책

나는 누구든 메러디스Meredith*의 작품을 읽지 않거나, 스티븐 필립스Stephen Phillips**가 진정한 시인인지 여부에 관한 토론에 관심이 없을 권리가 있다고 생각한다. 문학을 사랑하지 않는 것이 범죄는 아니다. 우둔하다는 증거도 아니다. 문학의 거장들이 '워즈워스William Wordsworth***가 테니슨Alfred Tennyson****에게 미친 영향'을 이해하지 못하는 안타까운 사람을 즉각 처형하라고 명령하지 않을

---

* 영국의 시인이자 소설가(1828년~1909년). 《에고이스트》를 썼다.
** 영국의 시인이자 극작가(1864년~1915년)
*** 영국의 낭만파 시인(1770년~1850년). 〈무지개〉 등을 썼다.
**** 영국 빅토리아 시대의 시인(1809년~1892년)

것이다. 그것은 오만방자한 행위다. 그들에게 '차이코프스키Tschaikowsky의 비창 교향곡Pathetic Symphony의 탄생에 영향을 미친 요인들을 설명하라'고 요구한다면 어떤 반응이 나올지 궁금하다.

야외 음악회

문학 이외에도 인간의 정신을 고양하는 지식 분야는 어마어마하게 많다. 이를테면 (영국에서 가장 인기 있는 고상한 클래식을 방금 언급한 김에) 8월에 시작하는 야외 음악회Promenade Concert*에 가 보자. 시가나 담배를 피우며(안타깝게도 《로엔그린Lohengrin》** 서곡이 흐르는 동안 담배를 피

---

* 야외 음악당이나 산책 장소 따위에서 청중이 부담 없이 거닐거나 서서 가벼운 마음으로 들을 수 있는 연주회

** 리하르트 바그너의 3막 오페라. 여주인공 엘자가 남동생을 죽였다는 누명을 썼다가 의문의 기사(로엔그린)의 도움으로 위기를 넘기고 사랑에 빠지는데, 다시 악인의 꾀임에 넘어가 금기된 질문("당신의 정체가 무엇인가요?")를 던짐으로써 로엔그린을 잃게 되는 이야기다.

위 둘 것이다) 음악을 즐긴다. 하지만 "나는 피아노, 바이올린, 심지어 밴조도 연주하지 못한다"고, 음악에는 문외한이라고 자신없어 한다.

그게 뭐 대수인가? 지휘자가 당신과 같은 일반인들로 음악당을 가득 채우려고 형편없는 음악을 걸러낸 프로그램을 제공하려고 애쓴다는 사실이, 당신이 진정한 음악 애호가임을 입증한다.(귀족들만 음악을 즐기던 시대와는 다르다!)

피아노로 《소녀의 기도The Maiden's Prayer》를 칠 수 없다고, 두어 달 동안 일주일에 이틀 밤씩 감상하는 오케스트라의 구성을 모르란 법은 없다! 사실 십중팔구 여러분은 오케스트라를 기분 좋게 혼란스러운 소리의 모음을 창조하는 악기들의 이종적인 집합이라고 생각할 것이다. 여러분이 세부 요소를 경청하도록 귀를 훈련시키지 않았다고 해서 세부 요소를 귀담아 듣지 않는 것은 아니다.

누군가 교향곡 C단조의 도입부에서 대주제를 연주하

는 악기들을 묻는다면 아무리 용을 써도 대답하지 못할 것이다. 그래도 교향곡 C단조에 찬사를 보낸다. 그 음악에 전율을 느낀다. 다음에도 전율을 느낄 것이다. 심지어 한껏 들떠서 상대방에게 음악에 대해 이야기한 적도 있지 않았던가. 교향악 C단조에 대해 자신 있게 말할 수 있는 것은 그것이 베토벤 작곡이고 "굉장히 훌륭한 작품"이라는 것뿐이지만 말이다.

오케스트라를 감상하는 습관

예컨대 당신이 크레비엘Krehbiel*의 《음악 감상법How to Listen to Music》(서점에서 알함브라 극장** 1등석보다 싼 가격으로 구할 수 있는데, 모든 오케스트라 악기의 사진과 오케스트라 배치도가 실려 있다)을 읽었다면, 다음번에 야외 음악회

---

* 미국의 음악 평론가(1854년~1923년)
** 영국 런던의 뮤직 홀. 당대 최고 규모였다고 한다.

에 참석할 때는 음악에 대한 관심이 놀랄 만큼 커져 있을 것이다. 오케스트라가 혼란스러운 집합이 아니라 본연의 모습(다양한 구성원이 제각기 다르고 없어서는 안 될 역할을 담당하는, 균형이 잘 잡힌 유기체)로 보일 것이다. 여러 악기에 대한 정보를 아니까 각각의 소리가 귀에 들릴 것이다. 프렌치 호른과 잉글리시 호른의 큰 차이를 알고, 바이올린 연주가 더 어려운데도 오보에 연주자의 보수가 바이올린 연주자보다 더 많은 이유를 이해할 것이다. 야외 음악회에 갈 때 예전에는 반짝이는 물체를 응시하는 아기처럼 행복한 몽환의 상태로 존재했지만 이제는 살아 있을 것이다.

음악에 대해 체계적이고 진정한 지식의 토대가 생길지 모른다. 어쩌면 특정한 형태의 음악(예를 들면 교향악)이나 특정한 작곡가의 작품을 전문적으로 듣게 될지도 모르겠다. 1년에 48주 동안 매주 사흘 저녁에 잠깐의 시간을 투자해 풍부해진 지식을 발휘하고 음악회에 참석

하며 프로그램을 연구한다면 음악을 어느 정도 알게 될 것이다. 비록 피아노로《소녀의 기도》를 뚱땅거리지는 못하더라도 말이다.

그런데도 당신이 여전히 "그래도 난 음악이 싫어요!" 라고 말한다면, 친애하는 선생님, 존경스럽습니다.

다양한 예술 분야 감상법

음악 감상법은 다른 예술에도 똑같이 적용된다. 나는 다른 예술 분야의 지식을 체계적으로 개발하는 초보단계로서 클레몬트 위트Clermont Witt*의《그림 감상법How to Look at Pictures》이나 러셀 스터지스Russell Sturgis**의《건축물 감상법How to Judge Architecture》처럼 런던에서 쉽게 찾을 수 있는 자료를 소개하겠다.

---

* 영국의 미술사학자이자 미술품 수집가(1872년~1952년)
** 미국의 건축가 겸 미술 비평가(1836년~1900년)

또 "난 예술이라면 모조리 싫어요!"라고 말하려는가?
친애하는 선생님, 더더욱 존경스럽습니다.

그렇다면 문학으로 넘어가기 전에, 당신의 사례를 다
뤄 보자.

10장

인과 관계를 읽는
안목을 키워라

예술은 위대하다. 하지만 가장 위대한 것은 아니다. 우리가 인식해야 할 가장 중요한 것은 인과 관계다. 이는 곧 우주가 부단히 발전한다는 지각이며, 더 나아가 진화에 대한 이해다. '원인이 없이 일어나는 일은 없다'는 중대한 진리를 머릿속에 철저하게 새길 때 인간은 더 넓은 마음과 더 현명한 머리를 가질 수 있다.

손목시계를 도둑맞으면 괴롭다. 하지만 시계 도둑이

누구인지, 왜 그랬는지, 유전과 환경과 상황까지 논리적으로 고찰해 보면 흥미로운 발견을 할 수도 있다. 그래서 그는 기꺼이는 아니지만, 철학의 힘을 빌어 괴로움을 없애고 손목시계를 다시 산다.

원인과 결과를 알면 삶이 당혹스럽지 않다

인과 관계를 알면 삶이 부조리하다는 느낌이 줄어든다. 하지만 모를 때는, 알 수 없는 일로 가득찬 삶에 충격을 받고 고통을 느낀다. 인간의 본성이 끔찍하고 이상한 관습으로 가득한 낯선 나라 같기 때문이다. 하지만 성숙한 사람이라면 이처럼 타국에서 이방인처럼 행동하는 것을 부끄러워 해야 한다.

인과 관계를 알면 삶의 고통은 줄고 삶의 그림 같은 아름다움은 커진다. 진화를 한낱 한 단어로 여기는 사람에게, 바다는 그저 거창하고 단조로운 풍경이다. 차비만 있으면 보고 올 수 있는 광경 말이다. 반면 발전, 즉 끊임없는 인과 관계라는 개념에 고취된 사람은 바다를 지질학의 관점에서 한때 수증기였던 곳이라고 인식한다. 어제는 부글부글 끓었고 내일이면 얼음으로 변할 수증기 말이다.

그는 액체를 고체로 변하는 과정에 있는 물질로 인식하며, 비범하고 변화무쌍한 전개에 감명을 받는다. 또 이 변화를 깊이 음미할 때 그 무엇에도 비할 수 없는 지속적인 만족감을 느낀다. 이것이 바로 모든 과학의 목적이다.

사회적 인과 관계, 단순하지만 단순하지 않다

인과 관계는 어디에나 존재한다. 예컨대 셰퍼드 부시 Shepherd's Bush의 임대료가 인상되었다. 셰퍼드 부시의 임대료 인상은 고통스럽고 충격적이었다. 하지만 우리는 모두 인과 관계의 과학을 배우는 학생이다. 라이언스 레

스토랑Lyons Restaurant에서 점심을 먹는 직장인 가운데 덧셈을 못하거나 (예전) 지하철에서 셰퍼드 부시의 반영구 주택 수요가 과열된 원인을 모르는 사람은 없었다.

당신은 "단순하군!" 하고 비꼬겠지. (간단한 덧셈을 할 수준만 된다면) 모든 것(우주 전체의 복잡한 운동)이 이만큼 단순하다. 친애하는 선생님, 당신이 마침 예술은 싫지만 영혼은 보살피고 싶어 하는데, 업무에 큰 흥미는 없는 부동산 중개인이라면 말이다.

아니다. 단순한 건 없다.

비범하고 변화무쌍한 삶의 그림 같은 사건은 부동산 중개소에서도 마치 기적처럼 전개된다. 옥스퍼드 스트리트Oxford Street에 교통정체가 일어났다. 사람들이 이 정체를 피하려고 지하실과 하수시설 아래로 이동하기 시작했다. 그 결과 셰퍼드 부시의 임대료가 인상되었다!

당신이 이런 기분에 고양되어 격일 저녁에 1시간 반씩 런던의 부동산 문제를 연구한다고 하자. 그렇다면 그것이 당신의 업무에 열정을 불어넣고 생활을 완전히 바꿔놓지 않을까?

더 어려운 문제를 만날 수도 있겠다. 런던에서 가장 긴 직선 도로의 길이가 약 1.4미터인 반면에 파리에서 가장 긴 완벽한 직선 도로의 길이는 수 킬로미터인 이유를 깨닫는다든지 하는 것 말이다.

예술이 별로면, 취미에 도전하라

당신이 은행 직원인데 아직 (과학연구로 위장한) 숨 막히는 로맨스 소설인 월터 배젓Walter Bagehot의 《롬바드 스트리트Lombard Street》를 읽지 않았다. 아, 친애하는 선생님, 이틀마다 저녁에 90분씩 읽었더라면 지금 당신의 일을 얼마나 매혹적으로 생각하며 인간 본성을 얼마나 확실하게 이해하게 되었을까?

여러분은 '도시에 감금'되어 있지만 시골 여행과 야생

생물 관찰을 무척 좋아한다(확실히 마음이 넓어지는 취미다). 슬리퍼 바람으로 곤충망을 들고 집을 나서서 가장 가까운 가스등까지 걸어간다. 그 주변을 날아다니는 희귀한(혹은 흔한) 나방 같은 야생 생물을 관찰하고 얻은 지식을 종합한다. 그리고 이를 바탕으로 어떤 이론을 세우고 증명해 본다면 어떨까?

충만하게 살고 싶다고 해서 꼭 예술이나 문학에 빠질 필요는 없다.

모든 일상적인 습관과 생활의 장이 호기심을 채워주고자 여러분을 기다리고 있다. 이 호기심이 바로 삶이며 그것을 충족시키면 마음이 넓어진다.

자, 약속대로 예술과 문학을 싫어하는 당신의 사례를 다뤘다. 이제 '독서를 좋아하는' 매우 평범한 사례로 가보자.

11장

책, 특히 시를 읽어라

소설은 '진지한 책읽기'에서 제외된다. 그러니 주 3회 90분씩 찰스 디킨스Charles Dickens*의 작품 세계를 철저히 연구함으로써 자기 향상에 열중하려고 했다면, 계획을 바꾸라고 조언하고 싶다.

---

* 영국 빅토리아 시대의 소설가(1812년~1870년). 《올리버 트위스트》, 《위대한 유산》, 《두 도시 이야기》, 《크리스마스 캐롤》 등을 썼다.

하루 24시간 어떻게 살 것인가

소설은 스트레스가 없어서 효과가 없다

소설이라는 장르 자체가 진지하지 않아서가 아니라(일부 명작들은 산문픽션의 형태를 띤다), 나쁜 소설은 당연히 읽지 말아야겠지만 좋은 소설도 독자가 정신적으로 크게 투자할 필요가 없기 때문이다. 난해한 소설이라면 메러디스 소설의 일부 대목들 정도뿐이다.

좋은 소설은 쾌속정처럼 독자를 태우고 돌진하기 때문에, 당신은 숨을 헐떡이지만 녹초는 아닌 상태로 대단원에 도달하게 된다. 최고의 걸작일수록 읽을 때 스트레스가 가장 작다.

그런데 정신을 계발할 때 필수 요인이 스트레스와 난이도이다. 마음 한구석으로는 성취하고 싶지만 한구석으로는 회피하고 싶은 임무라는 느낌 말이다. 우리가 톨스토이의 《안나 카레니나Anna Karenina》를 읽기 위해 이를 악물지는 않는다. 그러니 물론 소설은 읽어야 하지만, 우리가 비축한 90분에는 읽지 마라.

시는 가장 고상한 형태의 문학

시 독해는 소설 읽기보다 정신적 스트레스가 훨씬 더 크다. 모든 형태의 문학을 통틀어 단연 최고 수준일 것이다. 시는 가장 고상한 형태의 문학이다. 가장 고상한 형태의 즐거움을 창조하며 가장 고상한 형태의 지혜를 가르친다. 요컨대 시와 견줄 것이 없다. 하지만 이렇게 말하는 중에도 나는 대부분의 사람이 시를 읽지 않는다는 슬픈 현실을 인식한다.

우수한 인재들 중에도 밀턴의 《실낙원Paradise Lost》 읽기와 대낮에 포대 자루를 매고 트라팔가 광장을 무릎으로 기어 다니기 가운데 한 가지를 선택해야 한다면, 사람들의 조롱을 받는 후자의 시련을 택할 사람이 많을 것이다. 그럼에도 나는 친구든 적이든 가리지 않고 누구에게나 시를 읽으라고 줄기차게 권한다.

시를 '신비한 대상'이라고 여기는 사람이라면 〈시의 일반적 본질〉이라는 해즐릿Hazlitt*의 유명한 에세이부터 읽어 보라고 권하겠다. 동종 서적으로는 영국 최고 작품이다. 읽고 나서도 시가 중세 시대의 고문이나 실성한 코끼리 혹은 자동으로 발사되어 닥치는 대로 사람을 죽이는 총이라고 오해하는 사람은 없을 것이다. 사실 해즐릿의 에세이를 읽고서도 다음번 식사 시간 전까지 시 몇 편을 읽고 싶은 마음이 들지 않는 사람의 정신 상태를 이해하기가 오히려 어렵다.

당신이 이 에세이에 무척 감명을 받았다면 나는 완전히 이야기체인 시부터 시작하라고 권하고 싶다.

엘리엇George Eliot**이나 브론테 자매Brontes***, 제인 오스틴Jane Austen****의 어떤 작품보다도 한층 뛰어난 작품이 있다. 바로 E.B. 브라우닝Elizabeth Barrette Browning의 《오로

---

* 영국의 수필가 겸 비평가
** 영국의 소설가(1819년~1880년)
*** 영국 요크셔 출신의 세 자매인 샬럿, 에밀리, 앤 브론테를 말한다. 샬럿 브론테가 《제인 에어》를, 에밀리 브론테가 《폭풍의 언덕》을 썼다.
**** 영국의 소설가(1775년~1817년). 《오만과 편견》을 썼다.

라 리Aurora Leigh》! 마침 운문으로 쓰였고, 참으로 훌륭한 시가 꽤 많이 담겨 있다. 이 책을 끝까지 독파해 보라. 읽다가 너무 힘들어 죽겠더라도 포기하지 말고. 명시를 읽고 있다는 부담감을 버리고, 그냥 스토리와 사회적 개념 정도만 읽어도 된다. 그렇게 다 읽고 나서, 아직도 시가 싫은지 솔직하게 자문해 보라. 내 지인 중에도 시를 싫어한다고 생각했다가《오로라 리》덕분에 그것이 완전히 오해였음을 깨달은 사람이 한두 명이 아니다.

역사책과 철학책

해즐릿과《오로라 리》후에도 시를 적대시하는 마음이 한구석에 남아 있다면, 역사나 철학에 만족해야 할 것이다. 나로서야 못내 아쉽지만, 가늠 수 없을 만큼 아쉽지는 않다.《실낙원》만큼 유명하지는 않아도《로마제국 흥망사The Decline and Fall》라는 대단히 멋진 작품이 있다. 허버트 스펜서의 《제1 원리First Principles》는 시의 주장들을 모두 비웃으며 '모든 인간 정신의 가장 위대한 산물'이라는 평가가 아니면 모두 거부하는 작품이다.

이 두 작품이 정신적 스트레스 면에서 초보자에게 적합하다는 의미는 아니다. 다만 평범한 사람도 1년 동안 꾸준히 독서한 후라면 도전하지 못할 이유는 없다. 걸작의 큰 장점은 의외로 이해하기 쉽다는 점이다.

기간, 주제, 작가를 정해서 읽기

초보자에게 특정한 작품을 제안하지는 않겠다. 그런 시도는 부질없다. 다만 어느 정도 중요한 두 가지 사항만 권유하고자 한다.

일단 당신이 노력할 방향과 범위를 정해야 한다. 특정한 기간, 주제, 작가를 선택하라. 이렇게 말이다.

'프랑스 혁명을 알아보겠다.'

'철도의 태동기가 궁금하다.'

'존 키츠John Keats의 작품을 읽겠다.'

그리고 기간을 미리 정해 두고 그 선택에 집중하라. 전문가가 됨으로써 얻는 즐거움이 많다.

둘째, 읽는 데서 그치지 말고 생각하기 바란다. 책을 많이 읽고도 그저 아침 식사 하는 정도의 도움밖에 얻지 못하는 사람이 많다. 애주가가 술을 마시듯이 독서하니까 그렇다. 문학의 나라를 자동차로 질주하는데, 그저 질주만이 목적이다. 그들은 자신이 1년에 몇 권 읽었는지만 떠벌린다.

읽은 것을 적어도 45분간 진지하고 혹독하게 성찰(처음에는 무척 따분할 것이다)하지 않는다면 그저 90분을 낭비하는 것과 다름없다.

당연히 속도가 느려진다.

괜찮다. 개의치 마라.

목적지는 잊어라. 주변 풍광에 집중하라. 조금 시간이

지나면 어쩌면 전혀 기대하지 않았던 시점에 언덕 위에 있는 아름다운 동네에 도달한 자신을 불현듯 발견할 것이다.

12장

4가지 함정을 피하라

나는 (식물인간 같은 삶과 구분되는) 삶의 원대한 목적을 위해 시간을 완벽하게 활용하는 법에 대한 이 조언들이 지나치게 설교적이고 사무적으로 들리지는 않을지 걱정스럽다.

　하지만 삶을 진지하게 대하는 사람들이 마주치는 특정한 위험들을 간단히 살펴보아야만 이 글을 마무리할 수 있을 것 같다.

오만한 사람이 되지 마라

우선 가장 불쾌하고 비협조적인 사람, 즉 깐깐한 사람으로 변할 수 있는 끔찍한 위험이 있다. 자기가 누구보다 지혜롭다는 태도를 풍기는 오만한 인간 말이다. 작정한 시간에 산책은 나서지만 중요한 준비물인 '유머 감각'을 챙기지 않은 줄도 모르는 건방진 명청이다. 뭔가 발견하면 자신의 발견에 감동한 나머지 온 세상이 그것에 함께 감동하지 않는다는 사실을 심히 불쾌해 하는 따분한 사람이다. 자신도 모르는 사이에 오만한 인간이 되기 쉬운데, 이렇게 되면 치명적인 결과가 따른다.

따라서 이 시간 관리법 활용에 들어가려는 사람은 명심하자. 활용할 수 있는 건 자신의 시간뿐이라는 사실, 자신이 시간 예산의 균형을 맞추기 전부터 지구는 순조롭게 돌아가고 있었다는 사실, 자신이 시간의 재무장관이라는 새로운 역할에 성공하든 실패하든 앞으로도 지구는 매우 순조롭게 돌아갈 것이라는 사실을!

자신이 하는 일을 지나치게 떠벌리거나 온 세상이 매일 계획적으로 너무 많은 시간을 낭비하고 있어서 진정한 삶을 살지 못한다며 지나치게 가슴 아파하며 슬픔을 드러내지 말아야 한다. 안 그러면 제 앞가림도 못하면서 남을 걱정하는 사람으로 전락할 것이다.

일정의 노예가 되지 마라

전차에 묶인 노예처럼 계획에 묶일 위험도 있다. 계획표가 사람을 질질 끌고 다니는 일은 없어야 한다. 자신의 계획은 존중하되 신처럼 숭배하는 것은 금물이다.

뻔한 소리처럼 들릴 것이다. 하지만 이런 위험을 인식하지 못해 스스로 부담을 떠안고 주변 사람들에게 고통스러운 부담을 떠안기는 사람들이 있다. 이렇게 하소연하는 아내를 본 적이 있다. "오, 이런. 아서는 항상 8시에 강아지를 데리고 산책을 나가고 8시 45분에 독서를 시작해요. 그래서 우리는 아무것도 못 해요." 그 애처로운 목소리에 담긴 절대적인 포기의 어조에서 생각지도 못한 우스꽝스러운 비극이 드러난다.

반면 계획을 너무 가볍게 여겨도 성과를 얻을 수 없다. 계획을 적당히 존중하는 것, 과하거나 부족함이 없이 융통성을 발휘하며 생활하는 일은 결코 간단한 문제가 아니다. 미숙한 사람들은 쉽게 생각할지 모르지만.

조급함을 버려라

다음 일정에 집착하며 조급한 마음을 가질 위험도 크다. 조심하지 않으면 자신을 옭아매고 삶의 주인 자리를 잃는다. 8시에 개를 산책시키는 중에도 8시 45분 독서 시간에 늦으면 안 된다는 생각에만 사로잡힐 수 있다.

이따금 일부러 일정을 중단시키는 건 문제를 바로잡는 데 도움이 되지 않는다. 폐단은 융통성 없이 밀고나갈 때가 아니라, 처음부터 너무 많이 시도하거나 프로그램을 넘칠 정도로 채워서 발생한다. 이런 경우 유일한 해결책은 일정을 재구성하고 시도를 줄이는 것이다.

그러나 지식욕은 채울수록 커지기 때문에, 쉴 새 없이 숨차게 정신없이 움직이는 편을 좋아하는 사람들이 있다. 그들은 영원히 잠자는 것보다 차라리 그 편이 낫다고 생각한다.

어떤 경우든 간에 일정에 얽매이는데 굳이 바로잡고 싶은 마음도 안 든다면, 일정 사이에 쉼을 두는 것도 좋겠다. 개의 목줄을 빼고 책을 펼치기까지 5분 정도 시간을 두어서 정신을 완벽하게 쉬게 한다. 5분을 낭비한다고 인식하면서 그 시간을 보내는 것이다.

첫 시도는 한심해 보일 만큼 사소하고 느리게

마지막이자 가장 중대한 위험은 이미 언급했다시피

계획을 시작하는 시점에 실패할 위험이다.

가장 경계해야 할 위험이다.

시작하는 시점에 실패하면 완벽한 삶을 살겠다는 새로운 의욕이 곧바로 사그라지기 쉽다. 그렇기 때문에 모든 예방책을 실천해 이런 위험을 피해야 한다. 과욕은 금물이다. 한심해 보일 만큼 느린 속도로 첫 단계를 시작하되 최대한 규칙적으로 진행하라.

일단 특정한 임무를 달성하기로 결심했다면 지루하고 싫증이 나도 무조건 달성하라. 따분한 일을 달성하고 얻는 자신감은 이루 헤아릴 수 없이 크다.

마지막으로, 저녁 시간의 첫 임무를 선택할 때 오로지 자신의 취향과 타고난 성향을 지침으로 삼아라. 걸어 다니는 철학 백과사전이 되는 것은 물론 좋은 일이다. 하지만 철학에는 취미가 없고 거리 광고의 역사가 궁금하다면 철학은 내버려 두고 거리 광고를 택하는 편이 훨씬 바람직하다.

옮긴이 **이미숙**

계명대학교 영어영문학과 석사 학위를 취득하였으며, 한국외국어대학교 통번역대학원에서 수학했다. 번역 에이전시 엔터스코리아에서 출판기획 및 전문 번역가로 활동하고 있다. 《금융혁명 2030》, 《미래의 역습, 낯선 세상이 온다》, 《데일 카네기의 인간관계론》, 《빌 브라이슨의 대단한 호주 여행기》 등을 번역했다.

하루 24시간 어떻게 살 것인가

초판 1쇄 펴낸 날 2023년 2월 10일

지은이   아놀드 베넷
옮긴이   이미숙
펴낸이   장영재
펴낸곳   (주)미르북컴퍼니
자회사   더모던
전 화   02)3141-4421
팩 스   0505-333-4428
등 록   2012년 3월 16일(제313-2012-81호)
주 소   서울시 마포구 성미산로32길 12, 2층 (우 03983)
E-mail   sanhonjinju@naver.com
카 페   cafe.naver.com/mirbookcompany
S N S   instagram.com/mirbooks